Bibliografische Information der Deutschen Nationalbibliothek:

Die Deutsche Bibliothek verzeichnet diese Publikation in der Deutschen National-
bibliografie; detaillierte bibliografische Daten sind im Internet über http://dnb.d-
nb.de/ abrufbar.

Impressum:

Copyright © 2003 GRIN Verlag, Open Publishing GmbH
Druck und Bindung: Books on Demand GmbH, Norderstedt Germany
ISBN: 9783640462957

Dieses Buch bei GRIN:

http://www.grin.com/de/e-book/139370/alasdair-macintyres-gegenkonzept-zum-
projekt-der-aufklaerung

Daniel Brockmeier

Alasdair MacIntyres Gegenkonzept zum Projekt der Aufklärung

GRIN Verlag

GRIN - Your knowledge has value

Der GRIN Verlag publiziert seit 1998 wissenschaftliche Arbeiten von Studenten, Hochschullehrern und anderen Akademikern als eBook und gedrucktes Buch. Die Verlagswebsite www.grin.com ist die ideale Plattform zur Veröffentlichung von Hausarbeiten, Abschlussarbeiten, wissenschaftlichen Aufsätzen, Dissertationen und Fachbüchern.

Besuchen Sie uns im Internet:

http://www.grin.com/

http://www.facebook.com/grincom

http://www.twitter.com/grin_com

RWTH-Aachen

Philosophisches Institut; Lehrstuhl für Praktische Philosophie

Seminar: Kommunitarismus; Sommersemester 2003; 30.7.2003

Referent: Daniel Brockmeier

Alasdair MacIntyres Gegenkonzept zum Projekt der Aufklärung

Schriftliche Ausarbeitung zum Referat

Inhaltsverzeichnis

1 Einleitung

Gegenüber dem mündlichen Vortrag des Referats wurden in dieser schriftlichen Ausarbeitung einige Abänderungen und Ergänzungen vorgenommen. Es handelt sich dabei in erster Linie um Informationen die im Seminar vom Dozenten vorgetragen wurden, aber für das Verständnis von MacIntyres Theorie nötig sind.

Einleitend werden zunächst einige Informationen zum Kommunitarismus als philosophische Bewegung gegeben. Dabei wird auch John Rawls Konzeption kurz wiedergegeben. Dies war von Nöten, da Alasdair MacIntyre sich am Ende seiner Ausführungen explizit auf diese Theorie bezieht. Im Anschluss ist, die ebenfalls vom Dozenten vorgetragene, Kritik MacIntyres zur Aufklärung dargelegt. Schließlich kommt die schriftliche Ausarbeitung des eigentlichen Referats zu den Tugenden des Aristoteles' und MacIntyres Übertragung auf die moderne amerikanische Gesellschaft. Das abschließe Fazit MacIntyres wurde durch weitere Informationen ergänzt.

2 Kommunitarismus

Der Kommunitarismus ist eine sehr junge philosophische Strömung. Er bildete sich erst zu Beginn der 1980er Jahre als Gegenbewegung zum Liberalismus[1]. Der Liberalismus als Philosophie wiederum erfuhr eine Renaissance durch John Rawls. 1971 publizierte Rawls „Eine Theorie der Gerechtigkeit", indem er eine explizit liberale Gerechtigkeitstheorie vertrat[2]. Rawls verstand Gerechtigkeit im Sinne von Fairness, auf der Basis eines Kontrakts[3]. Eine zentrale Rolle bei Rawls spielte der sogenannte „Schleier des Nichtwissens". Nach Rawls müssten sich Beteiligte an einer Wahl zu einem gerechten Gesellschaftssystem hinter einem Schleier des Nichtwissens befinden, um eine gerechte Wahl treffen zu können. Das hieße, sie wären jeglichen Wissens über ihre Rolle in der Gesellschaft, ihre Erziehung, Lebensziele, Neigungen, etc. beraubt. Ihnen verbliebe lediglich die Vernunft, ein Zweckrationalismus und eine elementare Vorstellung von Gerechtigkeit. Wäre eine solche Wahl möglich, so würden die Wähler nach Auffassung Rawls sich zunächst auf einige Grundsätze einigen, die individuelle Freiheiten garantieren[4]. Eine zweite Klasse von Grundsätzen beträfe die gerechte Güterverteilung. Rawls vertrat die Position, dass die Wähler eine gleiche Güterverteilung erwählen würden, da niemand im vorneherein wisse, wie viele der zu verteilenden Güter ihm oder ihr zustehen. Die Beteiligten würden lediglich unter einer Bedingung ein ungleiches Verteilungssystem wählen. Diese Bedingung besagt, dass bei ungleicher Verteilung die am schlechtesten Gestellten immer noch mehr bekommen, als bei einer gleichen Verteilung. Rawls erhob für diese Theorie den Anspruch universeller Gültigkeit[5].

Wie bereits erwähnt bildete der Kommunitarismus einen Gegenpol zur Theorie Rawls. Wenn es sich auch um keine einheitliche Bewegung handelt und Kommunitarismus sich schwer in ein politisches links/rechts Schema einordnen lässt, so ist doch die Kritik am Liberalismus, im besonderen an John Rawls: „A Theory of Justice", sowie an Kants deontologischer Ethik allen Vertretern dieser Strömung gemein. Des weiteren vertreten sie die Auffassung, dass der gemeinsame historischer Kontext und die Gemeinschaft, die community, die Moral bilden müssen. Eine universelle Gültigkeit irgendeiner ethischen Theorie lehnen sie ab[6].

---

[1] V. Weber: Tugendethik und Kommunitarismus; Würzburg; 2002; S. 34 ff.
[2] J. Rawls: A Theory of Justice; Harvard; 1971 (im folgenden: Rawls; 1971).
[3] Rawls; 1971; Kapitel 1.
[4] Rawls; 1971; S. 81.
[5] Rawls; 1971; S. 81 ff.
[6] V. Weber: Tugendethik und Kommunitarismus; Würzburg; 2002; S. 34.

3 MacIntyres Kritik an der Aufklärung

MacIntyre betrachtet die Aufklärung nicht nur als gescheitertes Projekt, mitunter sogar als Katastrophe für die Moralphilosophie[7]. In ihrem Ergebnis sei uns, durch die Aufklärer, eine verwahrloste Sprache der Moral hinterlassen worden. Indem sie das Bezugsschema zerstörten, sei eine Bezugnahme auf den Kontext moralischer Überlegungen nicht mehr möglich[8].

Ein erster Schritt aus diesem Dilemma, dem oft zitierten Sittenverfall und der Unfähigkeit diesem entgegenzuwirken, sei das Verstehen dieses Zustandes durch studieren der Geschichte, die aber ihrerseits dem Werteverfall unterliege. Daher stelle Geschichts-schreibung keine neutrale Chronik dar. Außerdem sei die oben erwähnte Katastrophe nicht einmal als solche erkennbar, da es sich um einen längere Zeit hinziehenden, komplexen und schwer zu erkennenden Prozess gehandelt habe, den man unterschiedlich deuten könnte.[9]

Scheitern musste die Aufklärung, weil sich ein Widerspruch bildete zwischen den neuen Konzepten von moralischen Vorschriften und den Überzeugungen über die menschliche Natur, welche die Aufklärer vertraten. Der Fehler bestand in der Abwendung vom klassischen Moralsystem, welches Aristoteles in seiner „Nikomachischen Ethik"[10] analysiert hatte, und das von den Scholastikern im Mittelalter durch theistische Elemente ergänzt worden war. Diese Ergänzung habe das ursprüngliche System jedoch nicht beeinflusst.[11]

Nach Aristoteles bestehe ein fundamentaler Unterschied zwischen dem Menschen wie er ist, und dem Menschen wie er sein könnte, wenn er sein wahres Wesen (sein Telos) erkennen würde. Die Ethik befähige den Menschen, den Übergang vom ersten in den zweiten Zustand zu erkennen und zu beschreiten. Diese Dreiteilung werde durch den theistischen Unterbau nicht beeinflusst. Die Liste der Tugenden und Untugenden sei lediglich erweitert worden, außerdem gelten sie als Wort Gottes und Zuwiderhandeln als Sünde. Schließlich könne der Mensch sein Ziel nur noch im Leben nach dem Tod erreichen. MacIntyre hält diese Modifikationen für unbedeutend, da dass Grundkonzept mit dem Menschen wie er ist, wie er sein könnte, wenn er sein Telos erkennen würde und der Tugendethik als Mittler, bestehen bleibe. Es handele sich lediglich um eine doppelte Norm. Auf der einen Seite seien die Handlungsweisen geeignet, dem Menschen sein Ziel erreichen zu lassen, auf der anderen Seite handele es sich um Gottes Gesetz, dass allerdings für die Vernunft einsichtig sei.

---

[7] Alaisdair MacIntyre: Der Verlust der Tugend; Frankfurt a. M.; 1995; Kapitel 1 (im folgenden: MacIntyre; 1995).
[8] MacIntyre; 1995; S. 76 ff.
[9] MacIntyre; 1995; S. 15.
[10] Aristoteles: Nikomachische Ethik; Berlin; 1956.
[11] MacIntyre; 1995; S. 77/78.

5

Das Problem der Aufklärer bestand nach MacIntyre, in ihrer protestantischen beziehungsweise katholisch, jansenistischen Tradition. Diese Tradition hätte nämlich einen gänzlich anderen Vernunftbegriff. Im Gegensatz zur klassischen Lehre werde die Meinung vertreten, die Vernunft könne seit dem Sündenfall Adams und Evas keine Einsicht in den wahren Telos des Menschen gewähren. Somit fehle der Vernunft die Kraft, unsere Leidenschaft zu korrigieren.[12]

Da nun die Ethik im klassischen Modell als Mittel zum Erkennen des Telos fungiere, diese Möglichkeit, den Telos zu erkennen, aber geleugnet würde, sei der Ethik die Existenzberechtigung entzogen worden. Damit verbunden sei auch das Scheitern der Aufklärer, moralische Gesetze aus der Natur des Menschen zu rechtfertigen. Diese könne man nur aus dem Telos rechtfertigen. Was blieb, seien lediglich Bruchstücke des alten Systems gewesen[13].

In der antiken Gesellschaft sei „Mensch", so MacIntyre, ein funktionaler Begriff gewesen. Er hatte eine Vielzahl Rollen einzunehmen, er war Familienmitglied, Bürger, etc. Durch den Wandel der Vorstellung während der Aufklärung, hin zum Individuum Mensch, seien diese Rollen weitestgehend verloren gegangen, dadurch habe der Mensch seine Zwecke und Ziele verloren. In der klassischen Auffassung sei „gut" die Bezeichnung für etwas (unter anderem auch Handlungen und Menschen) gewesen, das seinen Zweck oder sein Ziel erfüllt. Durch die Trennung des Begriffs Mensch von Zwecken oder Zielen sei das Kriterium für einen guten Menschen verloren gegangen.[14]

---

[12] MacIntyre; 1995; S. 78.
[13] MacIntyre; 1995; S. 80.
[14] MacIntyre; 1995; S. 85.

4 Aristoteles' Konzeption

MacIntyre sagt von sich selbst, er habe eine unaristotelische Sicht auf Aristoteles. Unaristotelisch ist seine Sicht, da er Aristoteles in einer Tradition stehend betrachte. Aristoteles sei ein Glied in einer Kette von Moralphilosophen, Vorgänger und Nachfolger teilten zumindest einige seiner Auffassungen[15].

Unaristotelisch sei diese Sicht, da Aristoteles selbst kein Verständnis für Geschichte hatte. Aristoteles ist der Auffassung gewesen, die Theorien seiner Vorgänger seien nur Irrtümer und Halbwahrheiten, die er selbst durch seine umfassend richtige Theorie ersetzen musste. Nach MacIntyres Ansicht ist jede Theorie, Moral oder Wissenschaft nur in ihrer Tradition zu rechtfertigen. Wobei spätere Glieder dieser historischen Kette nicht unbedingt Fortschritte sein müssten. Weiter vertritt MacIntyre den Standpunkt, Aristoteles ausgereifte Position befände sich nicht, wie viele Experten meinten, in der Nikomachischen Ethik, sondern in der Eudemischen. Jedoch habe Aristoteles nicht den Anspruch erhoben, die Tugendethik erfunden zu haben, er habe lediglich expliziert, wonach der athenische Bürger implizit lebte.[16]

Nach Aristoteles sei der Stadtstatt die einzige Gesellschaftsform, in der sich die Tugenden vollständig entfalten. Es liege demnach nicht nur am einzelnen, ob er ein gutes Leben führt, auch die Rahmenbedingungen müssten stimmen, sonst sei alles streben umsonst. Das hieße auch, dass der Tugendhafte nur ein Bürger, im antiken Sinne, sein könne. Sklaven und Barbaren könnten, aufgrund ihrer Natur, kein tugendhaftes Leben führen, so sehr sie auch danach streben. Schließlich bedürfe der Bürger auch noch eines gewissen Wohlstandes um sein Ziel des tugendhaften Lebens zu erreichen.

---

[15] MacIntyre; 1995; S.197.
[16] MacIntyre; 1995; S. 199.

7

5 Die Tugenden

Die spezifische Natur des Menschen beinhalte gewisse Absichten und Ziele – sein télos, auf das sich jeder Mensch zu bewege. Jede Handlung ziele auf ein Gut ab und gut sei, wonach Menschen normalerweise streben. Wie oben bereits erwähnt sei das Gute auf der einen Seite lokal und angesiedelt in der pólis, teilweise sogar durch sie definiert. Das heißt eine Reihe von Tugenden wählt die Gemeinschaft selbst. Auf der anderen Seite sei das Gute universell. Daher befinde es sich in einer Spannung zwischen diesen Polen[17].

Aristoteles setze das Gute, trotz seiner oben genannten Vorbedingungen, nicht mit Geld oder Vergnügen gleich. Gut als Lebensziel sei die ,eudaimonía'. Die Übersetzung ist nach MacIntyre problematisch: Gesegnetheit, Glück, Erfolg. Andernorts findet man hingegen oft die Übersetzung: Glückseligkeit. MacIntyre vertritt die Ansicht, eudaimonía sei ein Zustand des Gutgehens und des Gutes tun. Sie sei das Telos, auf welches sich der Mensch zu bewege. Eudaimonía sei das gute Leben. Daher sei die Beziehung zwischen Tugenden und eudaimonía keine Mittel/ Zweck Relation. Statt dessen seien die Tugenden die Teile zum ganzen, der eudaimonía. Wer sich in jeder Situation der Tugenden bewusst sei und immer tugendhaft handele, erreiche als Summe dieser Handlungen das gute Leben. Nur wer Tugenden besitze, sei in der Lage eudaimonía zu erlangen. Die entsprechende Tugend ermögliche das richtige Handeln, fehle sie, sei gutes Handeln nicht möglich. Wer keine Tugenden besitze, sei nicht in der Lage zu entscheiden, welche seiner Gefühle beziehungsweise Verlangen er zu fördern und welche er zu unterdrücken habe. Tugenden beschränkten sich also nicht auf richtige Handlungen, man müsse auch die richtigen Empfindungen haben. Kant vertritt eine andere Ansicht: wer pflichtbewusst aber gegen seine Neigung handelt, sei sehr moralisch[18]. Doch nach Aristoteles soll man seine Neigungen durch "éducation sentimentale" erziehen. [19].

Schon durch jene, oben erwähnte, Entscheidung zwischen den Gefühlen, Verlangen und Neigungen, die zu fördern seien und denjenigen, welche man unterdrücken solle, seien die Tugenden auch eng mit der praktischen Urteilskraft verknüpft. Die praktische Urteilskraft bilde gewissermaßen eine weitere Vorbedingung für den Erwerb von Tugenden. Außerdem handele der Tugendhafte aufgrund eines rationalen Urteils. Aristoteles unterscheidet zwischen dem, was ein einzelner Mensch zu irgendeinem Zeitpunkt als gut erachtet und dem, was für ihn als Mensch wirklich gut ist. Nur dieses letztere Gut sei erstrebenswert und werde erreicht über die Tugenden. Dabei sei die Urteilskraft von entscheidender Bedeutung, da wir zwischen

---

[17] MacIntyre; 1995; S. 200.
[18] I. Kant: Grundlegung zur Metaphysik der Sitten; 397 ff.
[19] MacIntyre; 1995; S. 200 ff.

den uns zur Verfügung stehenden Mitteln wählen müssten, um zu entscheiden, welches für das angestrebte Ziel am geeignetsten ist. MacIntyre unterscheidet dieses praktische Urteilen streng von der einstudierten Anwendung einer Regel, wie die deontologisch orientierten Aufklärer sie bevorzugten. Aristoteles setze Ethik nicht mit Regeln gleich, die in seinem Werk nur äußerst selten erwähnt würden.[20]

Dennoch befasse sich Aristoteles mit dem Gehorsam gegenüber Gesetzen, die der Stadtstaat erlassen hat. Wobei jene Gesetze ihrerseits so konzipiert sein sollten, dass sie die Bürger beim Erreichen von eudaimonía unterstützen. Diese Gesetze schrieben gewisse Handlungsweisen absolut vor, während andere absolut verboten würden. Es seien diejenigen Handlungsweisen, die ein rechtschaffener Mensch sowieso vollziehe, beziehungsweise unterlasse. Regeln die absolut ge- beziehungsweise verboten seien. Jene absolut verbotenen Handlungsweisen, bezeichnet Aristoteles, in MacIntyres Lesart, als universell, während die Bestrafungen für Zuwiderhandeln lokal verschieden seien[21].

Die Tugenden seien keine private Angelegenheit, nur den Einzelnen betreffend, sie seien vielmehr im Leben der Stadt verankert. Aristoteles verstehe auch den einzelnen Menschen nur als „zóon politikón". Während der Stadtstaat als ein gemeinsames Projekt betrachtet werde, mit dem Ziel ein gemeinsames Gut anzustreben. Daher seien die Regeln einer Gemeinschaft von dem geleitet, was zu allen Zeiten bei der Gründung eines Gemeinwesens eine Rolle spiele, um das gemeinsam Projekt zu verwirklichen. MacIntyre führt als Beispiel für ein solches Projekt in der Moderne die Gründung, beziehungsweise Weiterführung einer Schule oder eines Krankenhauses an. In der Antike sei solch ein Projekt unter anderem die Gründung eines Stadtstaates. Dabei sei es notwendig, dass zwei unterschiedliche Arten von Wertungen entwickelt würden. Auf der einen Seite müssten Geistes- und Charaktereigenschaften gefördert werden, die für das Erreichen des gemeinsamen Guten notwendig oder nützlich sind. Auf der anderen Seite müssten jene Handlungsweisen, die das gemeinsame Projekt behindern oder gar gefährden, sanktioniert werden. Das heiße, sie müssten eine bestimmte Gruppe von Eigenschaften zu Tugenden erklären und entsprechenden Mangel an diesen zu Untugenden. Handlungen, die untragbar sind, etwa Mord an Unschuldigen, müssten ihrerseits verboten und als Regelverstoß derart sanktioniert werden, dass der Täter sich aus der Gemeinschaft ausstoße. Der Ausstoß würde je nach Vergehen für eine gewisse Zeit sein, in Form von Gefängnishaft oder auch Zeitweiser Abschiebung. Oder es würde sich um einen Ausstoß auf Dauer handeln, wie bei dauerhafter Abschiebung oder gar die Todesstrafe. Die Gemeinschaft müsste in breiter Übereinstimmung über den Ausstoß entscheiden. Selbige

---

[20] MacIntyre; 1995; S. 202 ff.
[21] MacIntyre; 1995; S. 203.

Übereinstimmung sei für das Einigen auf einen Tugendkatalog von Nöten. Wobei es in einer solchen Gemeinschaft zwei Möglichkeiten gebe zu scheitern. Entweder durch einen Regelverstoß, oder dadurch, dass jemand nicht gut genug sei, nicht tugendsam genug. Wenn letzteres auch ein Vergehen anderer Qualität darstelle, so hingen beide doch eng zusammen. Denn in beiden Fällen werde das gemeinsame Ziel der Gemeinschaft gefährdet. Daher wäre weder ein rein auf Verboten basierendes Rechtssystem, noch eines, das nur auf einer Liste von Tugenden basiert, vollständig. Erst bei einer Kombination aus beiden ließe sich das gemeinsame Ziel erreichen.[22]

MacIntyre fährt fort, dass noch eine andere Beziehung zwischen Tugend und Gesetz bestehe. Um Gesetze anzuwenden, sei die Tugend der Gerechtigkeit vonnöten. In der Antiken Auffassung, nicht erst bei Aristoteles sondern bereits bei Platon, würde Gerechtigkeit verstanden als die Fähigkeit, jedem das zu geben, was er verdiene. Gerecht sei eine pólis, wenn es rationale Kriterien für Verdienste gebe, die in sozialer Übereinstimmung legitimiert wurden. In der Regel werde es Gesetze geben, nach denen Ämterverteilung und Bestrafung vonstatten gehen. Aber in Sonderfällen, in denen gewissermaßen ein Präzedenzfall geschaffen würde, da kein Gesetz sich auf sie anwenden ließe, müsste „katá ton órthon lógon" gehandelt werden. „Katá ton órthon lógon" lässt sich, nach MacIntyre, mit „so wie die richtige Planung" übersetzen. Es bedeute, über mehr oder weniger zu urteilen. Dabei sei, für Aristoteles typisch, der ausgewogene Mittelweg zu wählen[23].

Das Mittlere zwischen dem Mehr und dem Weniger sei auch allgemeines Kriterium für die Tugenden. Zu jeder Tugend gebe es somit zwei Untugenden. Mut liege zwischen Unbesonnenheit und Feigheit, Großzügigkeit zwischen Verschwendungssucht und Geiz. Dadurch entstehe auch eine Kontextbindung der Tugenden, denn die gleiche Handlung könne unter verschiedenen Umständen mal mutig und mal unbesonnen sein. Wenn zwei Menschen einem Bettler die gleiche Summe Geld geben, kann der eine großzügig und der andere geizig handeln, je nach ihrem Vermögen. Letzteres bringe wiederum die praktische Urteilskraft ins Spiel. Anders sei der Fall, wenn jemand sich, wie in unserer modernen Gesellschaft, lediglich Gesetzeskonform verhält, ohne die Regeln zu hinterfragen. Die Ausübung von Tugenden verlange, dass jeder Bürger der Gemeinschaft sein eigenes Handeln und das seiner Mitmenschen hinterfragt.[24]

Schließlich unterscheide Aristoteles noch zwischen zweierlei Gattungen von Tugenden. Die Unterscheidung beziehe sich in erster Linie auf die Art und Weise wie entsprechende

---

[22] MacIntyre; 1995; S. 204.
[23] MacIntyre; 1995; S. 205.
[24] MacIntyre; 1995; S. 207 ff.

Tugenden erworben werden. Einerseits gebe es intellektuelle Tugenden, andererseits Tugenden des Charakters. Intellektuelle Tugenden müssten erlernt werden, Tugenden des Charakters würden in regelmäßiger Ausübung erworben. Man werde tapfer, indem man regelmäßig tapfer handelt, während man klug werde durch eine systematische Unterweisung. Es existiere allerdings eine Verbindung zwischen beiden Arten. Wer eine naturgegebene Disposition in eine Tugend des Charakters umwandeln möchte, müsse diese Dispositionen „katá ton órthon lógon" ausüben. Das heißt, er müsste wenigstens in der Lage sein, vernünftige Urteile zu fällen, wobei es sich um eine intellektuelle Tugend handele. Andererseits brauche es zum Besitz einer intellektuellen Tugend, wie der Klugheit, eine Reihe von Charaktertugenden, damit diese auch im Sinne des gemeinsamen Guten einsetzt werde, ansonsten verkümmere sie oder bleibe unausgebildet. Bei der Klugheit bliebe nur List.[25]

Während bei Kant der gute Wille allein das entscheidende Kriterium ist, genüge dies Aristoteles nicht. Kant gesteht es einem Menschen zu, zugleich gut aber dumm zu sein, während Aristoteles das, aus oben genannten Gründen, ausschließe. Genau wie er den anderen Fall ausschließe, dass jemand wirkliche Weisheit erwirbt, der nicht gut ist. Weiter halte Aristoteles alle Tugenden für miteinander verknüpft. MacIntyre macht an dieser Stelle die Einschränkung, dass er eine Verknüpfung zwischen allen Tugenden für unglaubwürdig halte. Er denke, dass ein Mensch zum Beispiel auch mutig sein kann, ohne dabei ein besonders angenehmes Wesen zu besitzen. Daher reduziert MacIntyre diese enge Verbindung auf die wesentlichen Tugenden. Doch erklärt er, dass aufgrund dieser Verknüpfung es nicht möglich sei ein Kriterium für das Gute anzuführen, es handele sich vielmehr um eine komplexe Maßeinheit. Diese komplexe Maßeinheit bestehe wiederum in einer breiten Übereinstimmung über das menschliche Gute, dass die pólis anstrebe.[26]

Grundlegend für die pólis sei das Band der Freundschaft, sie konstituiere die pólis. Freundschaft sei ihrerseits eine Tugend. Für Aristoteles habe Zuneigung für Freundschaft einen zweitrangigen Stellenwert. Die Art von Freundschaft, die ihm vorschwebe, sei bestimmt durch den gemeinsamen Glauben an das angestrebte Gute und der Beteiligung am Projekt. Dabei entstünde ein Netzwerk von, auf Sympathie basierenden, Freundesgruppen. Aristoteles unterscheide drei Arten von Freundschaft. Diejenige, die sich in gegenseitigem Nutzen bestehe, eine andere, die gegenseitige Zuneigung sei und schließlich jene, die aus der gemeinsamen Sorge um erstrebenswerte Güter entstehe.[27]

---

[25] MacIntyre; 1995; S. 208.
[26] MacIntyre; 1995; S. 208/209.
[27] MacIntyre; 1995; S. 210 ff.

Die erste Art Freundschaft sei für Aristoteles die minderwertigste, während die letzte am wertvollsten sei. MacIntyre hält es für einen Mangel der modernen Gesellschaft, dass sich ihr Verständnis von Freundschaft gewandelt hat und heutzutage Freundschaft, in Form von Aristoteles' zweiter Variante, ins Privatleben verbannt wird. Des weiteren meint er, aus aristotelischer Sicht sei unsere Gesellschaft nur eine Ansammlung von Bürgern im Nirgendwo, ohne pólis, die sich lediglich zum gegenseitigen Schutz zusammen getan haben. Somit ziehen sie ihren gegenseitigen Nutzen aus der Freundschaft, im ersten Sinne des Aristoteles'. Er macht aber die Einschränkung, dass es sich bei Aristoteles' Darstellung lediglich um ein Ideal handele, da schon in der Antike eine Vielzahl konkurrierender Wertvorstellungen existierten.[28]

Jene Abneigung gegenüber Konflikten habe Aristoteles direkt von Platon übernommen, der genau wie Aristoteles den Konflikt als eliminierbares Übel betrachtete. Den tragischen Konflikt von Gut gegen Gut gebe es in seiner Vorstellung nicht, weder im Leben des Einzelnen, noch in der pólis. Das lasse sich aus Aristoteles Glauben an die Einheit der Tugenden erklären. Diese bildeten eine Einheit, zusammengesetzt aus einer Hierarchie von Gütern. Wenn eine Tugend aus der anderen folgt, so wird der Tugendsame sich immer im Einklang mit allen anderen Tugendhaften befinden. Schließlich treffe Aristoteles, dieser Linie folgend, die Feststellung, dass Bürgerkrieg das schlimmste Übel ist. Konflikte entstünden nur aus Charaktermängeln, oder aus unzureichenden politischen Maßnahmen. Wenn etwa die pólis sich widersprechende Handlungsweisen zu Tugenden erhebe. Noch bei Homer stand der Konflikt im Mittelpunkt des Lebens, sowohl des Einzelnen, als auch der Gemeinschaft. Aristoteles reduziere den Konflikt auf eine Bedrohung der pólis, auf ein eliminierbares Übel[29].

MacIntyre befasst sich anschließend mit dem Gut der Freiheit, genauer, welchen Stellenwert dieses im Aristotelischen Modell hat. Aristoteles gehe davon aus, dass Tugenden für Sklaven und Barbaren nicht erreichbar seien. MacIntyre folgt aber nicht der Argumentation, dass für Aristoteles alle Nichtgriechen Barbaren seien, vielmehr definiere Aristoteles Barbaren als Menschen ohne pólis. Eine solche Person gebe zu verstehen, dass sie unfähig zu politischen Beziehungen sei. MacIntyre geht davon aus, dass unter politischen Beziehungen immer die Beziehung zwischen Freien gemeint sei. Denn der Bürger sei ein freier Bürger, zugleich beherrscht wie Herrscher. Da nur freie Bürger Tugenden erlangen könnten, während Sklaven und Barbaren nicht dazu imstande seien, bilde Freiheit eine Grundvoraussetzung für die Ausübung der Tugenden und das Erreichen des Guten. MacIntyre übt an dieser Stelle

---

[28] MacIntyre; 1995; S. 211.
[29] MacIntyre; 1995; S. 211/212.

vorsichtige Kritik an der Einstellung des griechischen Philosophen, wonach Barbaren und Sklaven nicht nur keine politischen Beziehungen besäßen, sondern auch gar nicht dazu in der Lage seien. Weiter bemängelt MacIntyre, dass Aristoteles auch einen gewissen Wohlstand zur Bedingung für das Erlangen mancher Tugenden mache. Aristoteles werte Tugenden wie Freigiebigkeit und Großmut, für die man Wohlstand benötigt, höher als etwa handwerkliches Geschick oder körperliche Arbeit. Allerdings führt der Amerikanische Philosophieprofessor diese Blindheit auf die allgemeine Blindheit der griechischen Gesellschaft zurück. Weitere Ursache für diese aristotelische Sicht der Dinge sei, das bereits erwähnte, mangelnde Geschichtsbewusstsein von Aristoteles, der sich Veränderungen nicht bewusst war. So hätten Sklaven und Barbaren eine unveränderliche Natur, sie seien von Natur aus nicht frei. MacIntyre scheint es inkonsequent zu finden, dass, während der Einzelne sich auf ein télos zubewegt, dieses Streben für die pólis, Griechenland oder die gesamte Menschheit nicht der Fall zu sein scheint. Barbaren und Sklaven nicht in der Lage zu sein scheinen, zu Bürgern zu werden. Aristoteles habe die Vergänglichkeit der pólis nicht begriffen. Sein mangelndes Geschichtsverständnis sei der Grund gewesen, dass sich ihm viele Fragen nicht stellten, einschließlich der, wie Sklaven oder Barbaren Bürger der pólis werden könnten. Sie seien eben von Natur aus Sklaven.[30]

Die letzten Einschränkungen sind aber, nach MacIntyre, nicht entscheidend für die Tugendethik Aristoteles' an sich. Das eigentliche Konzept bleibe unangefochten. Die kritischen Passagen entstellten auch mitnichten seine speziellen Ansichten, von denen MacIntyre im folgenden auf zwei genauer eingeht.[31]

Die erste dieser speziellen Ansichten betrifft die Freude. Die Freude beziehungsweise das Glück seien das menschliche télos. Wobei Aristoteles Freude als etwas verstehe, das zu einer erfolgreichen Tätigkeit noch hinzu komme. Freude begleite das Erreichen von Vortrefflichkeit bei einer Tätigkeit, diese Tätigkeiten könnten ganz verschiedener Natur sein, wie Tugenden auch von verschiedener Natur seien. Das Streben, sich hervorzutun, bedeute etwas zu tun, das Freude bereitet. Somit sei die Freude oder das Glück das télos einer jeden Tätigkeit. Von Mensch zu Mensch verschieden seien hingegen die Tätigkeiten, in denen er Vortrefflichkeit erreichen will. Diese Neigungen hängen allerdings von den Tugenden und Lastern ab, die ein Mensch hat. Der Mensch aber besitze von Natur aus, so MacIntyre, praktische Intelligenz, die, wie oben erläutert wurde, von Tugenden beseelt sei.[32]

---

[30] MacIntyre; 1995; S. 213/214.
[31] MacIntyre; 1995; S. 214.
[32] MacIntyre; 1995; S. 215.

In Aristoteles' tugendethischem Modell sei die Vernunft nicht Diener der Leidenschaft, eher könne man sagen, dass es sich andersherum verhalte. Die Leidenschaft solle in der, ebenfalls bereits erwähnten, „éducation sentimentale" zur Übereinstimmung mit dem durch die Vernunft gebotenem télos gebracht werden. Diese Übereinstimmung der Leidenschaft mit dem télos sei Ziel der Ethik[33].

6 Gerechtigkeit als Tugend

MacIntyre hält es für einen zentralen Punkt der aristotelischen Tugendethik, dass die Tugend der Gerechtigkeit für die pólis von zentraler Bedeutung ist. Das bedeute, einer Gemeinschaft, der es an Übereinstimmung über eine Vorstellung von Gerechtigkeit fehlt, fehle auch die notwendige Grundlage. Genau dieses diagnostiziert MacIntyre für unsere modernen Gesellschaften, exemplarisch an der amerikanischen.[34]

Nur auf dieser gemeinsamen Gerechtigkeitsvorstellung lasse sich ein Regel- oder Gesetzwerk etablieren, dass allgemein anerkannt werde und uns ein tugendsames Leben ermögliche. MacIntyre stellt diese Problematik anhand eines Modells dar. In diesem Modell treten zwei Parteien, A und B, auf. A hat mühsam einen Teil seines Verdienst gespart um sich und seiner Familie ein gesichertes Leben zu ermöglichen. Seine Kinder auf ein College zu schicken, sich ein Haus zu kaufen und seinen Eltern die notwendige medizinische Versorgung zukommen zu lassen, sind seine persönlichen Projekte. Diese werden nun durch eine Steuererhöhung bedroht, was er als ungerecht empfindet. Er vertritt die Position, dass er ein Recht auf seinen ehrlich erworbenen Besitz hat. Partei B hingegen ist „beeindruckt von der willkürlichen Ungleichheit in der Verteilung von Wohlstand, Einkommen und Chancen"[35]. Er empfindet diese Ungleichheit als ungerecht und vertritt die Meinung, dass sich diese lediglich rechtfertigen ließe, wenn die Ungleichheit eingesetzt würde, um die Lage der Benachteiligten zu verbessern. Was sich etwa durch die Förderung des Wirtschaftswachstums bewerkstelligen ließe. Weiter glaubt er, die Gerechtigkeit fordere ein umverteilendes Steuersystem. So lange die wirtschaftlichen Umstände zulassen, dass A's Projekte nicht gefährdet sind, aber B's Projekte realisierbar bleiben, bestehe kein Problem. Ändern sich allerdings die wirtschaftlichen Rahmenbedingungen, müsse unweigerlich ein Projekt dem anderen geopfert werden. Insofern seien A's und B's Vorstellungen von Gerechtigkeit unvereinbar. Des weiteren seien auch die Prämissen, die den beiden Vorstellungen von Gerechtigkeit zu

---

[33] MacIntyre; 1995; S. 216/217.
[34] MacIntyre; 1995; S. 325.
[35] MacIntyre; 1995; S. 326.

14

Grunde liegen, unvereinbar. A's Gerechtigkeitsvorstellung basiere auf den Prinzipien des gerechten Erwerbs und der Annahme, dass der Anspruch darauf den Möglichkeiten von Umverteilung Grenzen setzt. B hingegen sei der Ansicht, dass das Prinzip der gerechten Verteilung, dem des gerechten Erwerbs und den damit verbundenen Ansprüchen, Grenzen setzt.[36]

MacIntyre stellt die These auf, dass dieses exemplarische Dilemma stellvertretend für unsere Gesellschaft sei, da diese über keinerlei Mittel verfüge, um zwischen Ansprüchen, die auf Eigentumsrechten basieren, und Ansprüchen, die auf Bedürfnissen beruhen, zu entscheiden.[37]

In der philosophischen Debatte vertrete Robert Notzick weitestgehend die Position von A, während John Rawls annähernd die Position B einnehme. Rawls Theorie wurde bereits in Kapitel 1 kurz wiedergegeben, Notzick hingegen beruft sich auf das Anrecht des Einzelnen auf seinen, in der Vergangenheit, rechtmäßig erworbenen Besitz. Jegliche Umverteilung würde dieses Anrecht verletzen. MacIntyre bemerkt allerdings, dass diese beiden Philosophen sich auch in einem Punkt von den Positionen A und B unterscheiden. Keiner von beiden berufe sich im Gegensatz zu A und B auf Verdienst. Verdienst stehe, laut MacIntyre, im Kontext der Gemeinschaft. Derjenige, der sich am gemeinsamen Guten beteiligt, erwerbe Verdienst. Dies führe ihn nun wieder auf die Problematik zurück, dass unsere moderne Gesellschaft nur eine Ansammlung Fremder sei, von denen jeder unter „minimaler Einschränkung den eigenen Interessen nachjagt"[38]. Das Streben nach Gemeinsamen Gütern, welches die Grundlage gemeinsamer Tugenden und einem gemeinsamen Begriff von Gerechtigkeit darstelle, sei in einer solchen Gesellschaft unmöglich. Dass sich A und B auf ihr Verdienst berufen, sei ein Rest des klassischen, tugendethischen Ansatzes, der noch in unserer modernen Gesellschaft mitschwinge.

---

[36] MacIntyre; 1995; S. 326/327.
[37] MacIntyre; 1995; S. 327.
[38] MacIntyre; 1995; S. 334.

7 MacIntyres Fazit

Aus alldem zieht MacIntyre schließlich eine Reihe von Schlüssen. Zunächst befasst er sich mit den Aufgaben des Obersten Bundesgerichts. Dessen zentrale Aufgabe sei es, den Frieden zwischen rivalisierenden sozialen Gruppen mit ihren unvereinbaren Gerechtigkeits-vorstellungen aufrechtzuerhalten. Indem das Gericht eine Fairness an den Tag lege, die sich auf Unparteilichkeit stützt[39]. An dieser Stelle scheint die eigene These, nachdem sich Gerechtigkeitsvorstellungen aus dem geschichtlichen und sozialen Kontext ergibt, von MacIntyre vernachlässigt zu werden. Denn das Oberste Bundesgericht besteht doch schließlich aus einer Gruppe von Personen, die ihrerseits nur „eine Ansammlung von Fremden ohne pólis"[40] darstellen müssten. Es bereitet einige Schwierigkeiten, sich unter dieser Prämisse vorzustellen, dass die Richter überhaupt in der Lage sein könnten, einen überparteilichen Zustand zu erreichen. Sie scheinen sich fast schon unter einem „Schleier des Nichtwissens" zu befinden, wenn sie in der Lage sind, ihre eigenen Gerechtigkeitsvorstellungen derart auszublenden. MacIntyre sagt nichts weiter zu diesem Punkt, außer dass das Gericht von Zeit zu Zeit bereits so handele[41].

Konsistenter wirkt die Argumentation im nächsten Punkt, der Politik. Diese könne nicht aufgrund eines moralischen Konsens' handeln, da dieser nicht existiere. Somit sei Politik nichts weiter als Bürgerkrieg mit anderen Mitteln. Diesen hatte, wie oben erwähnt, Aristoteles als das schlimmste Übel bezeichnet. Weiter seien Gesetze der Index aller Konflikte einer Gesellschaft[42].

MacIntyre gibt an dieser Stelle keinen Ausweg aus diesem Zustand an. Statt dessen fährt er fort, dass dieser Zustand zum Verlust der Tugend des Patriotismus' geführt habe, schließlich existiere keine gemeinsame patria. Dennoch bleibe die Treue zur eigenen Gemeinschaft, mithin zum eigenen Land, eine zentrale Tugend und müsse losgelöst von der jeweiligen Regierung praktiziert werden. Abschließend merkt MacIntyre an, dass „bestimmte Regierungsformen notwendig und legitim sind"[43], der moderne Staat sei jedoch keine solche Regierungsform, daher lehne er die herrschende politische Ordnung ab. Allerdings könnten viele Aufgaben nur durch eben diesen Staat erledigt werden: der Ausgleich von Ungerechtigkeit und ungerechtfertigtem Leid, die Ausübung von Großzügigkeit und die Verteidigung der Freiheit. Jedoch müssten diese Aufgaben unter Berücksichtigung von

---

[39] MacIntyre; 1995; S. 337.
[40] MacIntyre; 1995; S. 211.
[41] MacIntyre; 1995; S. 337.
[42] MacIntyre; 1995; S. 337.
[43] MacIntyre; 1995; S. 339.

Verdiensten ausgeführt werden. Daher sei moderne Politik zu verwerfen, da diese die Tradition der Tugenden ablehne. Es ist wohl ein unzureichender Schluss seiner Abhandlung, dass MacIntyre mit keinem Wort erwähnt, wie ein Staat auszusehen habe, der dieser Aufgabe gewachsen ist. Er kann doch unmöglich für die Einführung von Stadtstaaten in den USA eintreten, aber anders ließe sich, nach seiner eigenen Überzeugung, keine gemeinsame Grundlage finden für einen Gerechtigkeitsbegriff und einen Tugendkatalog. Schließlich ist die amerikanische Gesellschaft eine pluralistische Gesellschaft[44].

In Seinem Werk: „Die Anerkennung der Abhängigkeit"[45] wird MacIntyre ein wenig konkreter, wenn er im Kapitel: „Die politischen und sozialen Strukturen des für alle Guten" zumindest drei Prinzipien nennt, die ein Staat zu befolgen habe, der in einer tugendethischen Tradition steht. Der Staat müsse es zunächst ermöglichen, dass „unabhängige, praktisch überlegene Subjekte"[46] ihre Meinung im politischen Entscheidungsprozess zum Ausdruck bringen können, sofern dieser sie, als Mitglieder der Gemeinschaft, betreffe. Damit verbunden sei eine gemeinsame rationale Beratung mit einem einmütigen Ergebnis. Die Aufgabe des Staates sei es somit, entsprechende Institutionen zu schaffen, um jene Beteiligung zu ermöglichen. Dieses erste Prinzip sei besonders wichtig, da so sicher gestellt würde, dass Beratung und Entscheidung als ein Werk der ganzen Gemeinschaft zu erkennen seien.[47]

Das zweite Prinzip betrifft die gerechte Güterverteilung. MacIntyre beruft sich an dieser Stelle dahingehend auf Marx, dass jeder entsprechend seines Beitrags zu entlohnen sei. MacIntyre revidiert Marx' Formel folgendermaßen: „Jeder nach seinen Fähigkeiten, jedem, soweit es möglich ist, nach seinen Bedürfnissen". In diesem Punkt folgt er seiner, oben genannten, Argumentation. Neben den Bedürfnissen der Bürger müsse auch deren Verdienst für die Gemeinschaft berücksichtigt werden. Er schränkt jedoch ein, dass, aufgrund knapper ökonomischer Ressourcen, nur eine eingeschränkte Anwendung des Prinzips möglich sei.[48]

Das letzte Prinzip besagt, dass diejenigen Subjekte, deren Fähigkeit, am politischen Entscheidungsprozess teilzunehmen, mehr oder weniger eingeschränkt ist, durch andere zu vertreten seien. Als Subjekte mit solcher Einschränkung kennzeichnet er Alte, Kranke, Behinderte und Kinder.[49]

Diese Drei Prinzipien lassen zumindest erahnen wie eine Gesellschaft in MacIntyres Vorstellung auszusehen hat.

---

[44] MacIntyre; 1995; S. 338/339.
[45] A. MacIntyre: Anerkennung der Abhängigkeit; Hamburg; 2001.
[46] A. MacIntyre: Anerkennung der Abhängigkeit; Hamburg; 2001; S. 153.
[47] A. MacIntyre: Anerkennung der Abhängigkeit; Hamburg; 2001; S. 153.
[48] A. MacIntyre: Anerkennung der Abhängigkeit; Hamburg; 2001; S. 153/154.
[49] A. MacIntyre: Anerkennung der Abhängigkeit; Hamburg; 2001; S. 154.

Literaturverzeichnis

Aristoteles: Nikomachische Ethik; Berlin; 1956.

I. Kant: Grundlegung zur Metaphysik der Sitten; Hamburg; 1999.

MacIntyre, Alaisdair: Anerkennung der Abhängigkeit; Hamburg; 2001.

MacIntyre, Alaisdair: Der Verlust der Tugend; Frankfurt a. M.; 1995.

Rawls, John: A Theory of Justice; Harvard; 1971.

Weber, Verena: Tugendethik und Kommunitarismus; Würzburg; 2002.